## 악마수업

지은이 · CGN 갓툰
초판 발행 · 2023. 3. 28
4쇄 · 2025. 2. 20
등록번호 · 제1988-000080호
등록된 곳 · 서울특별시 용산구 서빙고로65길 38
발행처 · 사단법인 두란노서원
영업부 · 2078-3333  FAX 080-749-3705
출판부 · 2078-3331

책 값은 뒤표지에 있습니다.
ISBN 978-89-531-4449-1  77230

독자의 의견을 기다립니다.
tpress@duranno.com    http://www.Duranno.com

ⓒ 이 출판물은 저작권법에 의해 보호를 받는 저작물이므로
무단 전재와 무단 복제, 무단 사용을 할 수 없습니다.

---

두란노서원은 바울 사도가 3차 전도여행 때 에베소에서 성령 받은 제자들을 따로 세워 하나님의 말씀으로 양육하던 장소입니다. 사도행전 19장 8-20절의 정신에 따라 첫째 목회자를 돕는 사역과 평신도를 훈련시키는 사역, 둘째 세계선교(TIM)와 문서선교(단행본·잡지) 사역, 셋째 예수문화 및 경배와 찬양 사역, 그리고 가정·상담 사역 등을 감당하고 있습니다. 1980년 12월 22일에 창립된 두란노서원은 주님 오실 때까지 이 사역들을 계속할 것입니다.

CGN 갓툰 지음

두란노

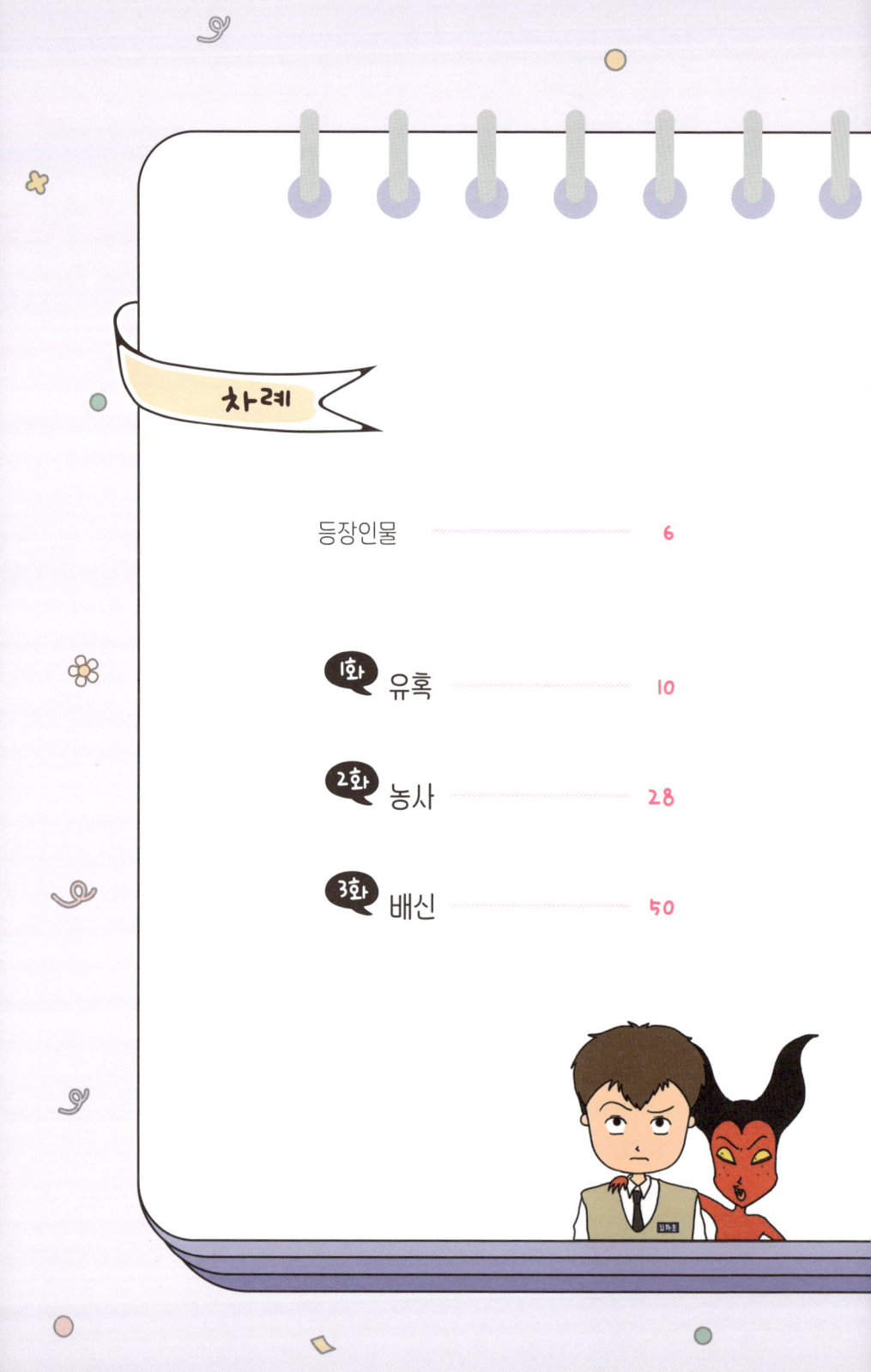

**4화** 멸망의 시작 ———— 78

**5화** 흑화 ———————— 98

**6화** 마음의 문 ———— 130

### 오탄

악마학교의 신입생. 사악하지만 어리바리하고 덤벙대는 초보 악마.
악마 교수의 지시로 인간 김하준을 하나님과 멀어지게
만드는 임무를 맡았다.

## 등장인물

### 곽준병

하준이의 교회 친구.
장난기가 많지만, 신앙이 좋고 하준이가 하나님을 만나도록
적극적으로 돕는다.

### 악마 교수

오탄의 실습을 지도하는 담당 교수.
평소엔 친절하지만 오탄이 실수를 하는 순간 무섭게 돌변한다.

### 김태민 & 박동구

하준이의 친구들.
겉으로는 하준이와 친한 척하지만,
하준이를 은근히 따돌린다.

# 유혹

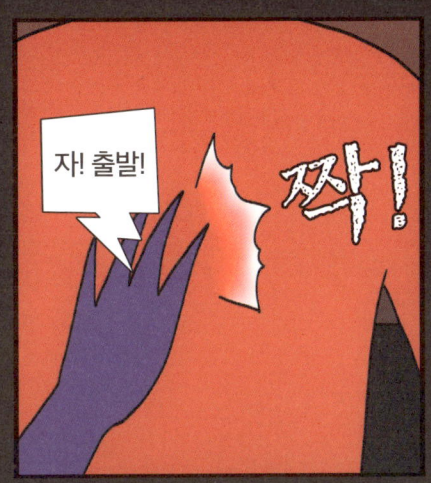

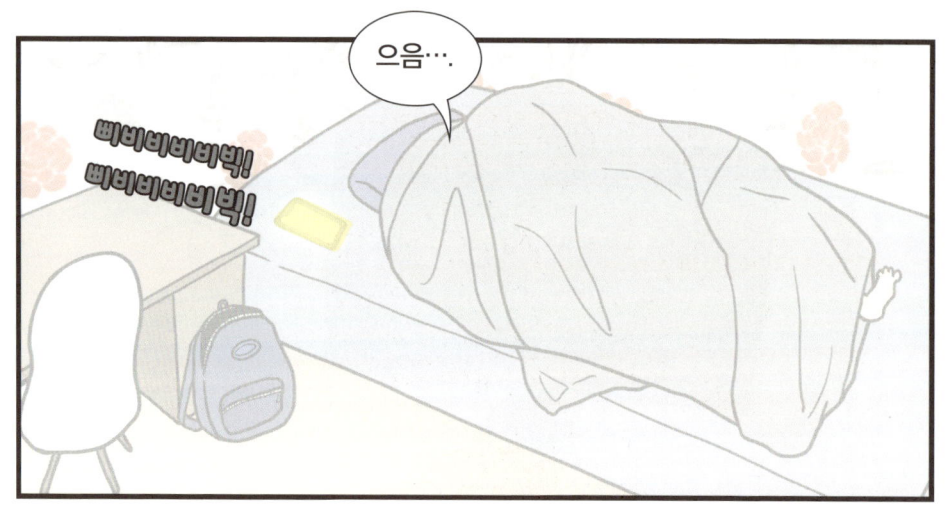

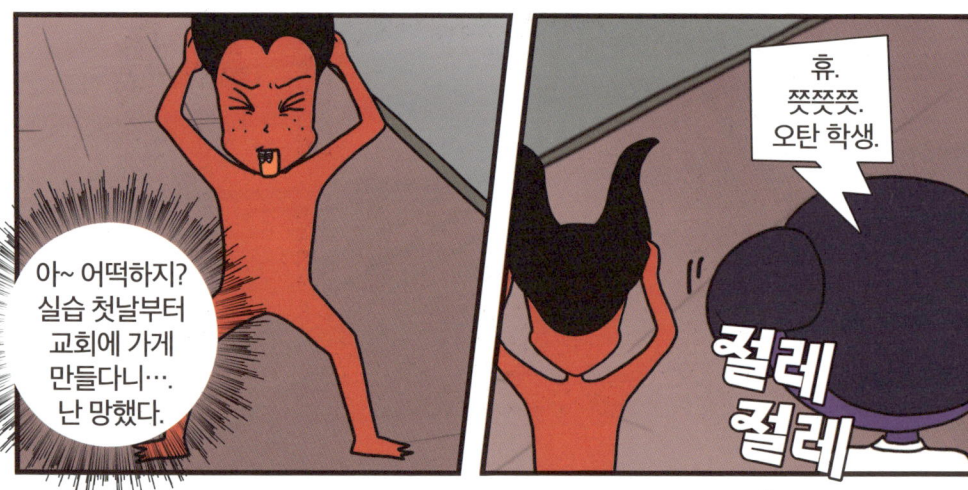

# 농사

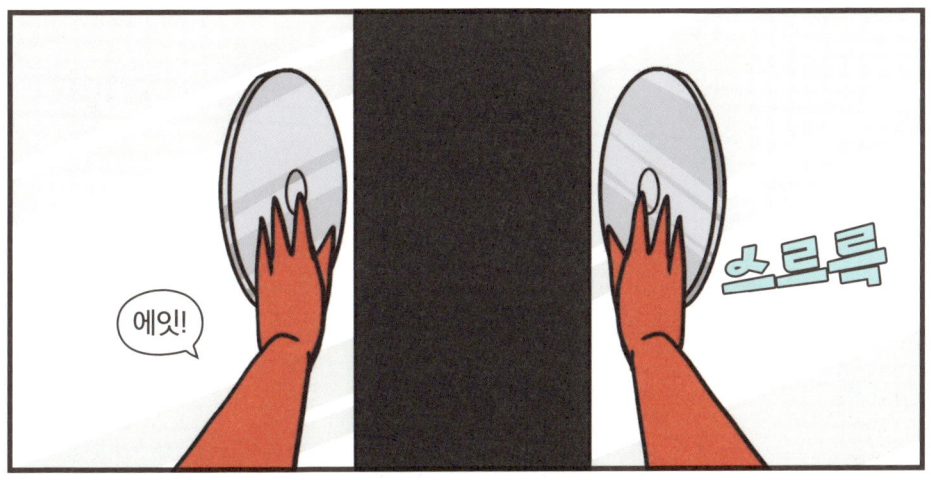

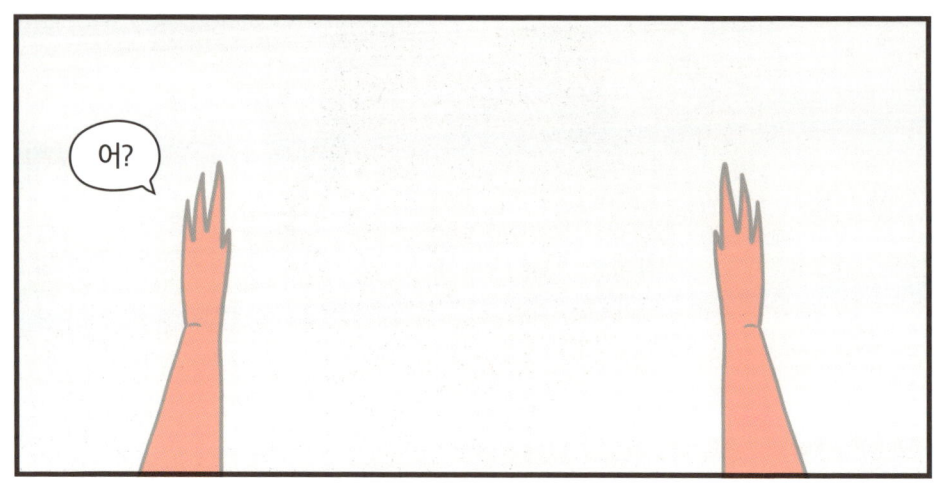

어때? 팔이 점점 무거워지지?

디리링~
도로롱~

자, 자!

오, 대박! 뭐야?

이것도 받고!
어이, 어이!
인간, 약해지지 말라구!

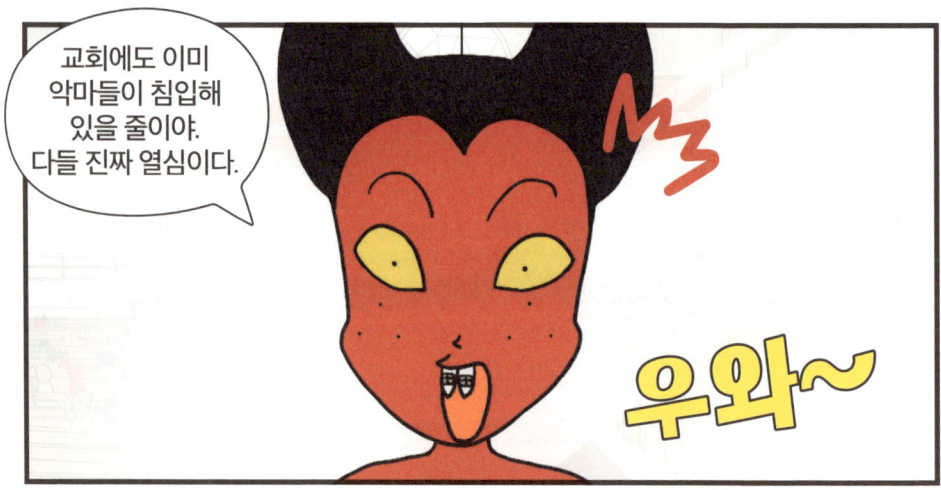

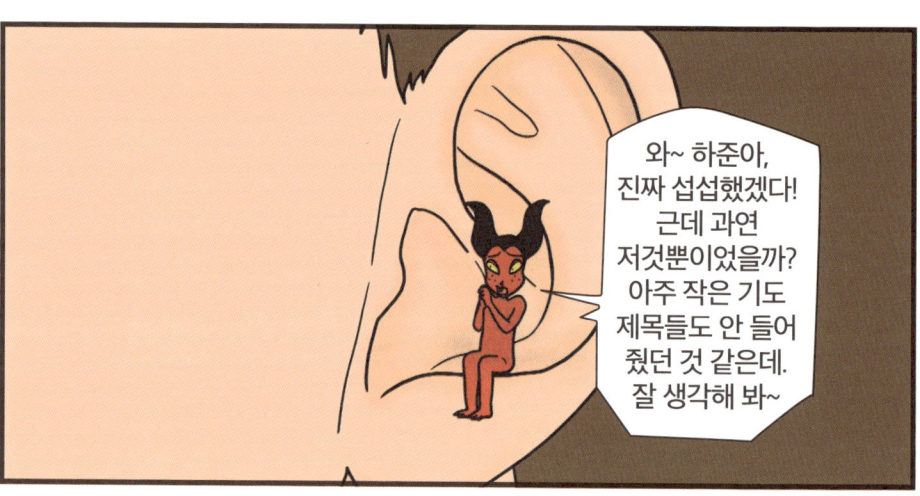

✶ 문상 : '문화 상품권'의 줄임말.

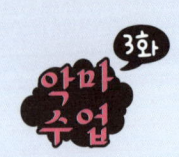

# 배신

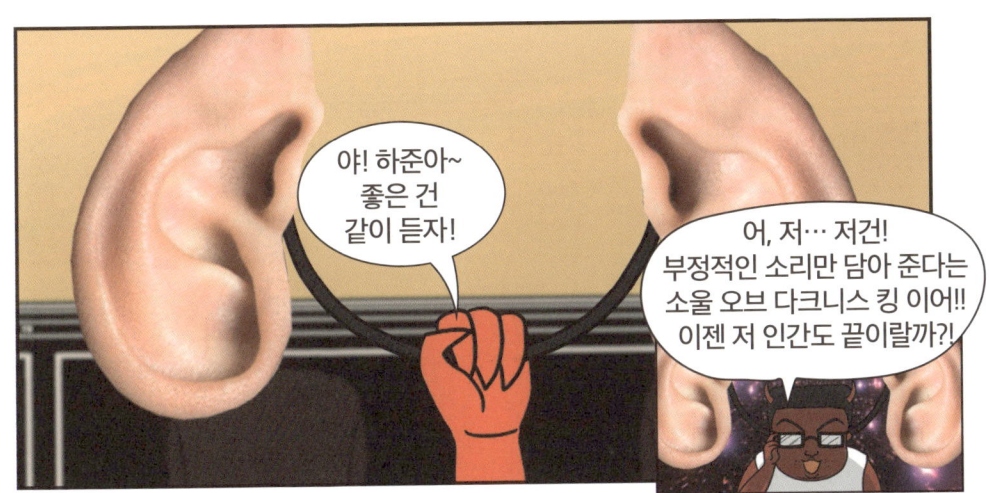

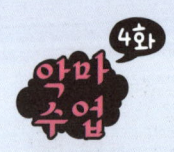

# 멸망의 시작

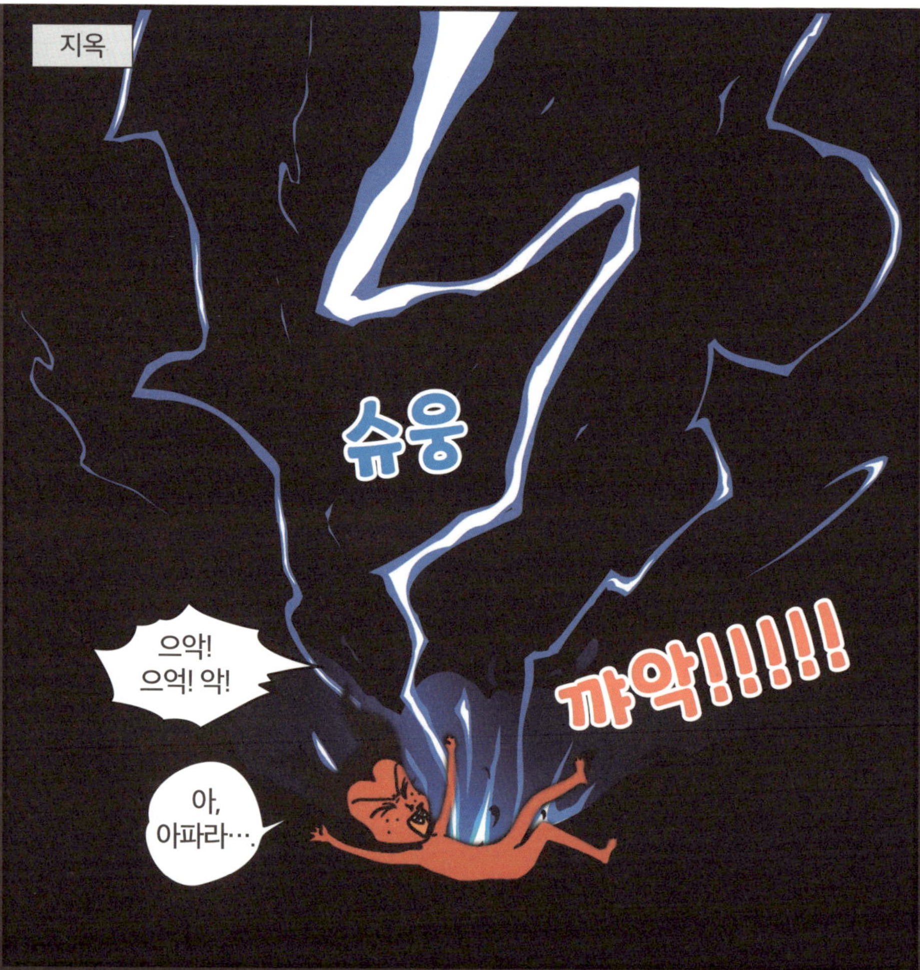

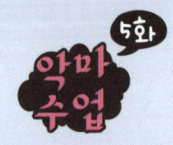

# 흑화

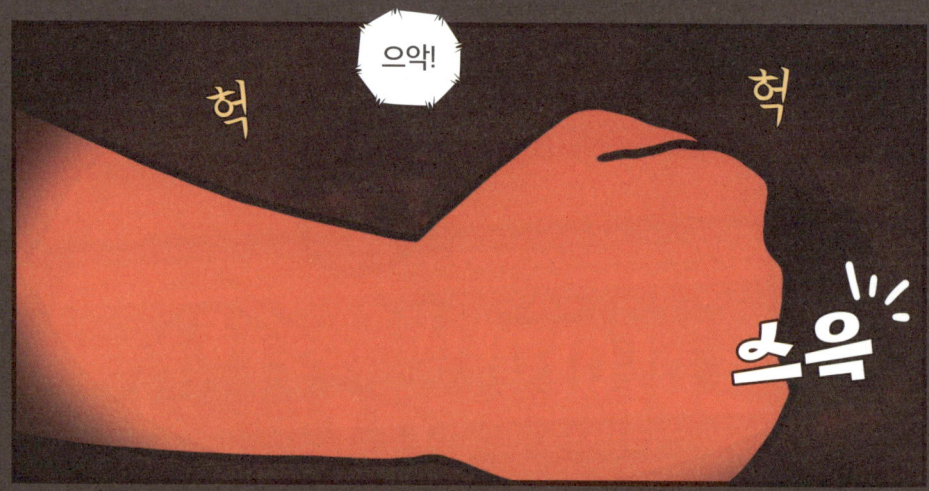

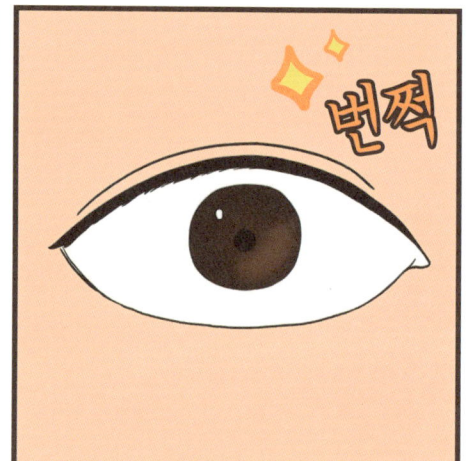

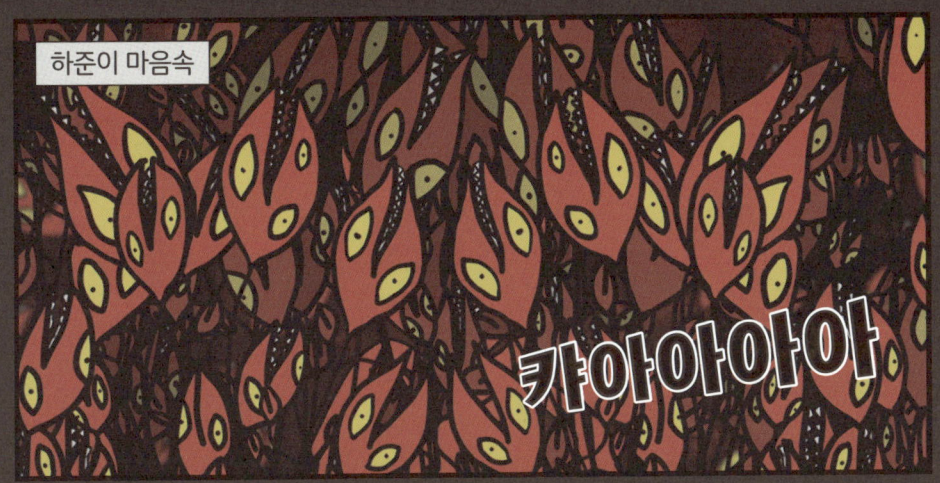

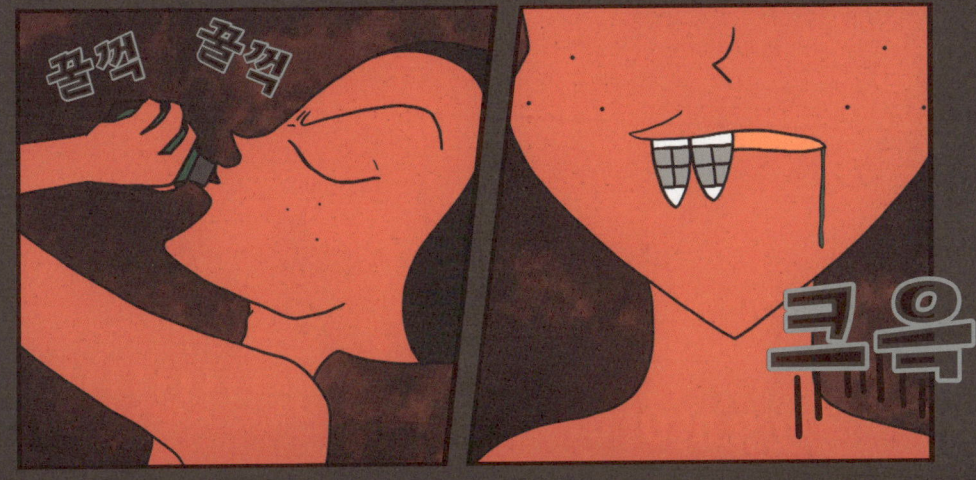

# 마음의 문

샤아아아아

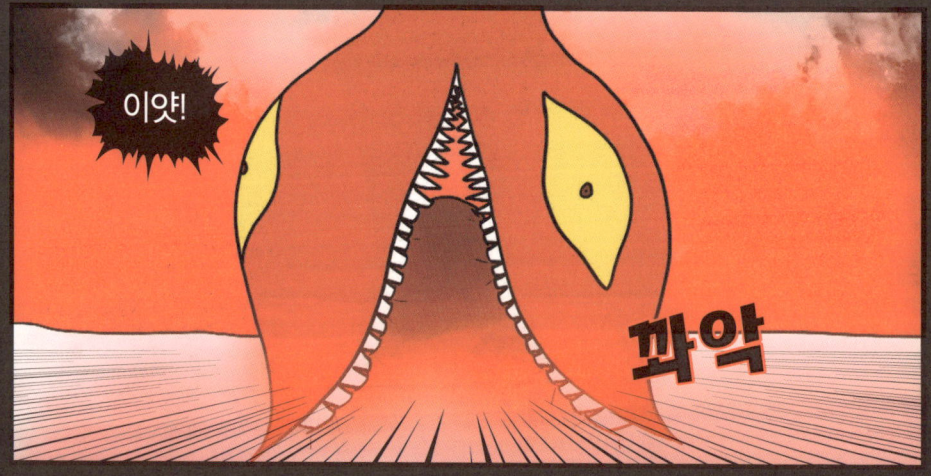

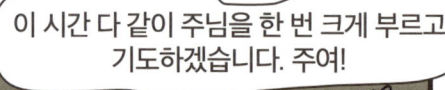

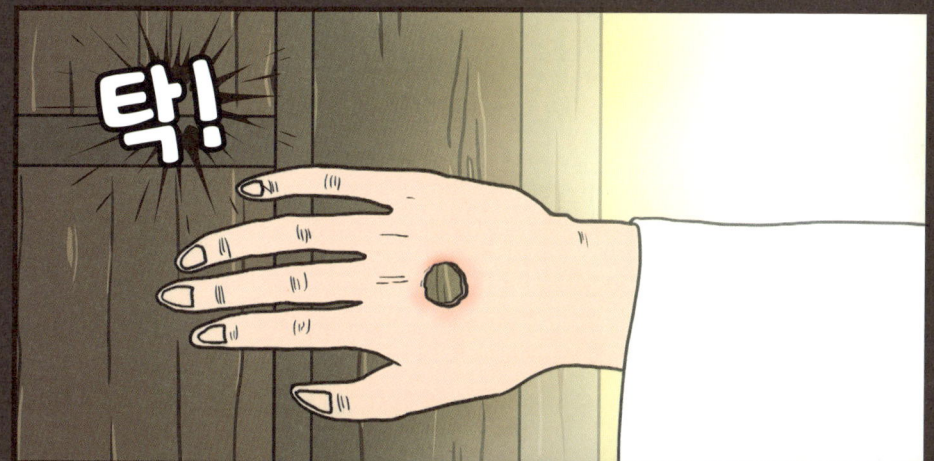

💗 예수님이 나와 언제나 함께하심을.

하하하하하하

볼지어다 내가 문밖에 서서 두드리노니
누구든지 내 음성을 듣고 문을 열면
내가 그에게로 들어가 그와 더불어 먹고
그는 나와 더불어 먹으리라
_요한계시록 3장 20절